ストウブ1つで
もちもち余熱パスタ

イタリアンレストラン「ブリッカ」金田真芳

staub
Pasta Book

文化出版局

Prologue

僕はイタリアンのシェフです。

ですから、当たり前ですが、パスタは得意中の得意です。

大きな鍋を使い、たっぷりの湯でゆでたパスタはもちろんおいしい。

でも、ストウブ1つで作る余熱パスタは、

それとはまた違ったラインのパスタ料理です。

ワンパン（1つの鍋）で、具を炒めて煮込んでソースを作って、

パスタをゆでることができる。

炊き込み風のパスタも、そのまま焼いてグラタンもできる。

しかも、途中から余熱でOK!!

家計にもやさしいなんて！

これこそ、今、皆さんが求めているパスタではないでしょうか。

ワンパンでできるから、時間がないときにも

一人の気楽なランチにも便利です。

忙しいときだって手軽に作れるのが、ストウブ1つで余熱パスタなのです。

手軽なだけではありません。

少ない水分で蓋をしてゆでるパスタは、

もちもちとした独特の食感がクセになります。

ソースを作り、その中でパスタをゆでるから、

ソースのうまみをパスタが吸い込みます。

これぞ、余熱パスタのおいしさの秘密！

おいしさを100％余すところなくいただけるのです。

手軽で味は本格的なストウブ1つで余熱パスタ。

ぜひ、試してみてください。

イタリアンレストラン ブリッカ シェフ 金田真芳

The "One staub" Pasta Cookbook offers the easiest "all-in-one" recipes for perfect pasta meals.

ストウブ1つで余熱パスタなら！

ストウブ1つで作る余熱パスタには、いいところがいっぱい！
これを知ったら、作らずにはいられなくなりますよ。

1. 鍋1つでできる

鍋でパスタソースを作り、そこに水を入れてパスタをゆでるのが「余熱パスタ」の作り方。パスタを別鍋でゆでる必要がありません。使うのはストウブ1つ。だから、後片付けがラクチン。時間がないときにも、パパッとすませたい一人ランチのときにも大活躍してくれます。

2. 途中から手が離れる

ストウブは熱伝導と保温性のいい鍋です。蓋を閉めておけば、ある程度の時間は鍋の中は火にかけているのと同じような状態が続きます。そのため、パスタのゆで時間の半分は火にかけ、残り半分の時間は火を止めてほったらかしでOK。つきっきりでなくていい。これって、かなりうれしい！

3. 蒸しゆででもちもち食感！

ストウブで余熱パスタは、少ない水分を使い、鍋の蓋をしてゆでます。そのため、パスタはもちもちむっちりとした独特の食感になります。普通のパスタではなかなか出せない食感です。この食感に慣れたら、いつものパスタでは物足りなくなるかも!?

4. 素材のうまみが生きる

ストウブの蓋の裏側にはピコ（ブレイザーの場合はシステラ）という突起があります。加熱で染み出た素材の水分が鍋の中を対流し、ピコやシステラを伝わって素材全体に雨のように降り注ぐから（アロマ・レインという）、うまみを逃しません。余熱パスタは、このうまみも一緒にゆでるので麺自体もおいしくなるのです。

5. 鍋ごとオーブン焼きも可能

ストウブはオーブンに入れることも可能です。そのため鍋でパスタソースを作り、パスタをゆでてから、チーズやパン粉をふったらそのままオーブンで焼く。そんなこともできるのです。こんがり焼き目がついたパスタグラタンが、ストウブなら鍋1つで作れます。誰かを招いたときのごちそうにもぴったりです。

Contents

この本の使い方
・ 小さじ1＝5㎖、大さじ1＝15㎖です。
・ 野菜の「洗う」「皮をむく」「ヘタを取る」などは省略しています。
・ 電子レンジ、オーブンは機種によって加熱時間が異なります。取扱説明書の指示に従い、様子をみながら調整してください。
・ バターは無塩を使用。有塩を使う場合は、塩の量を少なくしてください。

パスタと鍋

ディ・チェコNo.11スパゲッティーニ（1.6mm）

軽めのソースにも重めのソースにも合います。通常ゆで時間9分ですが、「ゆで時間は通常の半分、残りの半分は余熱」でOKです。

＊1.6mmのほかのパスタを使う場合もこの本のレシピ通りに作って問題ない

＼ 半分に折って ＼　　　　　　　　　　　　　　　　　　　　　＼ 細かく折って ＼

ゆでるときは、鍋に入れやすく、水につかりやすいよう、半分に折って使います。ソースが多めのパスタやリゾット風のクリーム系のパスタなら、2〜3cm長さに細かく折って使うのもおすすめ。その場合はポリ袋に入れ、手でポキポキと折ると簡単です。

ストウブの鍋

18 cm

20 cm

22 cm

ブレイザー

○ **PART1〜3**は直径18、20、22cmのピコ・ココット ラウンドを、**PART4「焼く余熱パスタ」**では、直径24cmのブレイザー・ソテーパンを使用しています。

○ストウブの内部はストウブ独自のザラザラ加工、黒マット・エマイユ加工がしてあります。この細かな凹凸により、こんがり香ばしく焼きつけることができ、また焦げつきも抑えます。この加工は、金属製のヘラなどを使用すると傷むため、木ベラやシリコン製のヘラを使いましょう。

○ストウブは加熱すると持ち手や蓋のつまみが熱くなるので、必ず鍋つかみや厚手のふきんを使ってください。

○ストウブは、ガスのじか火、オーブンはもちろんIH（100V、200V）にも対応しています（※電子レンジは使用不可）。ただし、IHを使用する場合、パスタの加熱時間、余熱時間は変わります。

○ストウブは強火はNGです。ほうろう加工が傷むので、中火で加熱し、温まったら弱火で使用してください。

余熱パスタの基本の作り方

ストウブで余熱パスタは、基本の作り方を覚えてしまえばどのパスタにも応用できます。
ここでは、「ペペロンチーノ」を例に挙げて作り方をご紹介します。

ペペロンチーノ

材料と作り方　2人分

スパゲッティーニ(半分に折る) … 200g
にんにく(薄切り) … 1/2 かけ(4g)
赤唐辛子(種を取る) … 1/2 本
イタリアンパセリ(ざく切り) … 2枝
オリーブ油(ピュア) … 大さじ2
水 … 450㎖
塩 … 6g(小さじ1強)
オリーブ油(EX.) … 適量

1人分にする場合
材料を半分にし、水の量は250㎖にする。

具を炒める

ストウブに、オリーブ油(ピュア)、にんにく、赤唐辛子を
入れ、中火で炒める。にんにくの香りが出てきて、薄茶
色になったら、イタリアンパセリを加え、軽く炒める。
「油ににんにくやイタリアンパセリの香りをつけます」

水、塩、パスタを入れてゆでる

分量の水、塩、スパゲッティーニを入れて中火にかける。
「ここで、パスタをしっかり水に浸らせ、やわらかくし
ます」

\完成～！/

\もちもち食感がおいしい!!/

蓋をして2分！混ぜて蓋をして3分！

煮立ったら蓋をして弱火で2分ゆでる。蓋を開け、パスタをしっかり混ぜ、再び煮立ったら蓋をして3分ゆでる。

「ここで混ぜておかないとパスタどうしがくっついて仕上がる場合があるので、しっかり混ぜて」

ゆで上がりに、水分が少し残っていても大丈夫！ パスタがゆで上がっていれば問題ありません。適度に水分をきって盛りつけてください。

蓋をして火を止めて余熱で5分！

火を止め、そのまま5分余熱で火を通す。パスタがゆで上がったらオリーブ油（EX.）を加え、よく混ぜる。パスタがかたいときは、蓋をして再び1～2分余熱で火を通してから、オリーブ油（EX.）を混ぜる。

「余熱で火を通す前に、しっかり煮立てておくのがコツ。でないとパスタが生ゆでの場合があるので注意」

定番
余熱パスタ
Basic Pasta

カチョ・エ・ペペ

🍳 チーズ、黒こしょうをたっぷりかける

パルミジャーノ・レッジャーノと黒こしょう、オリーブ油があれば！
シンプルさが魅力のローマの郷土料理です。チーズが味の決め手だからおいしいチーズで作りましょう。

材料と作り方　2人分

スパゲッティーニ(半分に折る) … 200g
水 … 450㎖
塩 … 6g(小さじ1強)
A │ 粗びき黒こしょう … 適量
　 │ パルミジャーノ・レッジャーノ(おろす)
　 │ 　 … 40〜60g
　 │ オリーブ油(EX.) … 適量

1人分にする場合
材料を半分にし、水の量は250㎖にする。

1. パスタをゆでる

鍋に分量の水、塩、スパゲッティーニを入れて中火にかけ、煮立ったら蓋をして弱火で2分ゆでる。しっかり混ぜ、再び煮立ったら蓋をして3分ゆで、火を止めてそのまま5分余熱で火を通す。

2. 仕上げ

1にAを加え、よく混ぜる。器に盛り、好みでさらにパルミジャーノ・レッジャーノ適量をかける。

フレッシュトマトのパスタ

⬤ トマトは余熱のタイミングで加える

にんにくの香りと唐辛子の辛みにトマトのフレッシュ感と酸味が加わったパスタ。
この場合、トマトの甘みは必要ないので、炒めも煮もせず、余熱のタイミングで加えてください。

材料と作り方　2人分

スパゲッティーニ(半分に折る) … 200g
トマト(ざく切り) … 2個(300g)
にんにく(薄切り) … $\frac{1}{2}$かけ(4g)
赤唐辛子(小口切り) … $\frac{1}{4}$本
オリーブ油(ピュア) … 大さじ2
水 … 400㎖
塩 … 6g(小さじ1強)
オリーブ油(EX.) … 適量
バジル … 適量

1人分にする場合
材料を半分にし、水の量は200㎖にする。

1. 具を炒める

鍋にオリーブ油(ピュア)、にんにく、赤唐辛子を入れ、中火でにんにくが薄く色づくまで炒める。

2. パスタをゆで、トマトを加える

分量の水、塩、スパゲッティーニを入れて中火にかけ、煮立ったら**蓋をして弱火で2分**ゆでる。しっかり混ぜ、再び煮立ったら**蓋をして3分**ゆでる。トマトを加えて混ぜ、煮立ったら蓋をし、火を止めて**5分余熱で**火を通す。

3. 仕上げ

オリーブ油(EX.)を加え、よく混ぜる。器に盛り、バジルを飾る。

ボンゴレ・ビアンコ

◉ あさりは途中で加える

あさりは火を通しすぎるとかたくなる素材。パスタと時間差で加えるくらいがふっくらのコツです。
イタリアンパセリの香りとレモンの酸味を利かせ、風味豊かに仕上げます。

材料と作り方　2人分

スパゲッティーニ（半分に折る）… 200g
あさり（砂抜き済み）… 2パック（400g）
にんにく（薄切り）… $\frac{1}{2}$かけ（4g）
赤唐辛子（種を取る）… $\frac{1}{4}$本
イタリアンパセリ（ざく切り）… 2枝
オリーブ油（ピュア）… 大さじ2
水 … 400㎖
塩 … 5g（小さじ1）
オリーブ油（EX.）… 適量
レモン（ノーワックス）… $\frac{1}{2}$個

1人分にする場合
材料を半分にし、水の量は200㎖にする。

1. 具を炒める

鍋にオリーブ油（ピュア）、にんにく、赤唐辛子を入れ、中火で炒める。香りが出たらイタリアンパセリを軽く炒める。

2. パスタ、あさりを入れる

分量の水、塩、スパゲッティーニを入れて中火にかけ、煮立ったら**蓋をして弱火で2分**ゆでる。しっかり混ぜ、あさりを加えて再び煮立ったら**蓋をして3分**ゆで、火を止めてそのまま**5分余熱**で火を通す。

3. 仕上げ

オリーブ油（EX.）を加え、よく混ぜる。器に盛り、好みでさらにイタリアンパセリ適量（分量外）をかけ、レモンを搾る。

バジリコ・ビアンコ

🍳 たっぷりのバジルをぐるぐる混ぜる

バジルの香りがパスタを包み込む、香りよいパスタです。大きめに刻んだナッツのコリコリ食感がアクセント。
軽く炒めて香ばしさを出してから、パスタをゆでます。

材料と作り方　2人分

スパゲッティーニ(半分に折る) … 200g
バジル(ざく切り) … 30枚(15g)
ミックスナッツ(軽く刻む) … 40g
にんにく(薄切り) … $\frac{1}{2}$かけ(4g)
赤唐辛子(小口切り) … $\frac{1}{4}$本
オリーブ油(ピュア) … 大さじ2
水 … 450ml
塩 … 6g(小さじ1強)
オリーブ油(EX.) … 適量

1人分にする場合
材料を半分にし、水の量は250mlにする。

1. 具を炒める

鍋にオリーブ油(ピュア)、にんにく、赤唐辛子を入れ、中火で炒める。に
んにくが軽く色づいたらナッツを加え、軽く炒める。

2. パスタをゆでる

分量の水、塩、スパゲッティーニを入れて中火にかけ、煮立ったら<u>蓋を
して弱火で2分</u>ゆでる。しっかり混ぜ、再び煮立ったら<u>蓋をして3分</u>ゆ
で、火を止めてそのまま<u>5分余熱</u>で火を通す。

3. 仕上げ

バジル、オリーブ油(EX.)を加え、最初はさっくり、その後ぐるぐると
よく混ぜる。

ジェノベーゼパスタ

◉ オイルはギリギリの量を使う

ソースに入れるオイルは多すぎると仕上がりがベタベタするので、ミキサーで回るギリギリの量を加えます。
アンチョビーでソースに深みとコクをプラスし、格上げ！

材料と作り方　2人分

スパゲッティーニ（半分に折る）… 200g
にんにく（つぶす）… ½かけ（4g）
水 … 450㎖
塩 … 6g（小さじ1強）

<u>ジェノベーゼソース（作りやすい分量・220g分）</u>
バジル … 6パック（100g）
アンチョビー（フィレ）… 3枚（約10g）
オリーブ油（EX.）… 大さじ8
水 … 大さじ2

1人分にする場合
材料を半分にし、水の量は250㎖にする。

1. ソースを作る

ミキサーにソースの材料を入れてスイッチを入れ、なめらかにする。

2. パスタをゆでる

鍋に分量の水、にんにく、塩、スパゲッティーニを入れて中火にかけ、煮立ったら<u>蓋をして弱火で2分</u>ゆでる。しっかり混ぜ、再び煮立ったら<u>蓋をして3分</u>ゆで、火を止めてそのまま<u>5分余熱</u>で火を通す。

3. 仕上げ

ソース適量（½量・110g）を加え、ぐるぐるとよく混ぜる。好みでバジルの葉をのせる。

＊ジェノベーゼソースを保存するときは、酸化しないようオリーブ油（分量外・適量）をかけて、表面に蓋をする。冷蔵庫で3週間保存可。

ボロネーゼパスタ

たっぷりの赤ワインで牛ひき肉を煮る

肉は炒めずに、アルコール分を飛ばした赤ワインに加えると、大人味のソースのでき上がり！
肉はごろごろ感も味わいたいから、細かくしすぎず、ざっくりとほぐしましょう。

材料と作り方　2人分

スパゲッティーニ（半分に折る）… 200g
牛ひき肉（粗びき）… 200g

A
赤ワイン … 200mℓ
にんにく（つぶす）… ½かけ（4g）
ローリエ … 1枚
ローズマリー … ½枝

B
トマトジュース（食塩不使用）… 200mℓ
水 … 100mℓ
塩 … 4g（小さじ1弱）

オリーブ油（EX.）… 適量
パルミジャーノ・レッジャーノ（おろす）… 適量

1人分にする場合
材料を半分にし、水の量は50mℓにする。

1. ソースを作る

ボウルにひき肉を入れ、1％の塩（分量外）をよくなじませ、10～15分おく。鍋にAを入れ、蓋をしないで半量まで煮詰め、ひき肉を加え、ざっくり混ぜる。

2. パスタをゆでる

1にB、スパゲッティーニを加えて中火にかけ、煮立ったら<u>蓋をして弱火で2分</u>ゆでる。しっかり混ぜ、再び煮立ったら<u>蓋をして3分</u>ゆで、火を止めてそのまま<u>5分余熱</u>で火を通す。

3. 仕上げ

オリーブ油（EX.）を加え、よく混ぜる。器に盛り、パルミジャーノ・レッジャーノをふる。

赤ワインを鍋に入れたら、蓋をせずに煮詰め、ひき肉を入れてざっくりほぐす。

PART 1
定番

19

カルボナーラ

🍳 卵液を加えたら手早く混ぜる

生クリームも牛乳も使わない本場の味。時間が勝負なので、パスタを余熱にかけている間に卵液を混ぜておき、
オイルをからめたパスタに加えたら、手早く混ぜ合わせます。

材料と作り方　2人分

スパゲッティーニ(半分に折る) … 200g
パンチェッタ(またはベーコン・棒状に切る) … 40g

カルボナーラ液
卵 … 2個
卵黄 … 2個分
パルミジャーノ・レッジャーノ(おろす) … 30〜40g
粗びき黒こしょう … 適量

オリーブ油(ピュア) … 大さじ2
水 … 600ml
塩 … 4g(小さじ1弱)
オリーブ油(EX.) … 適量
粒黒こしょう(つぶす) … 適量

1人分にする場合
材料を半分にし、水の量は300mlにする。

1. 具を炒める

鍋にオリーブ油(ピュア)、パンチェッタを入れ、中火でカリカリになるまで炒める。

2. パスタをゆでる

分量の水、塩、スパゲッティーニを入れて中火にかけ、煮立ったら蓋をして弱火で2分ゆでる。しっかり混ぜ、再び煮立ったら蓋をして3分ゆで、火を止めてそのまま5分余熱で火を通す。

3. ソースを作り、からめる

余熱にかけている間に、カルボナーラ液の材料を混ぜておく。2にオリーブ油(EX.)をかけてよく混ぜ、カルボナーラ液を加えて手早く混ぜる。器に盛り、粒黒こしょうをたっぷりかける。

ペスカトーレ

🎯 魚介は加熱しすぎない

複数の魚介のうまみに、トマトのおいしさが重なった極上ソース。それをまとったパスタはごちそうです。
魚介は途中で加え、火を通します。

材料と作り方　2人分

スパゲッティーニ(半分に折る) … 200g
A┃あさり(砂抜き済み) … 180g
　┃ムール貝 … 4個(60g)
　┃いかの胴(食べやすく切る) … 60g
　┃むきえび … 8尾
裏ごしトマト … 120g
にんにく(薄切り) … $\frac{1}{2}$かけ(4g)
赤唐辛子(種を取る) … $\frac{1}{4}$本
オリーブ油(ピュア) … 大さじ2
水 … 400㎖
塩 … 6g(小さじ1強)
オリーブ油(EX.) … 適量
イタリアンパセリ(ざく切り) … 適量

1人分にする場合
材料を半分にし、水の量は200㎖にする。

1. 具を炒める

鍋にオリーブ油(ピュア)、にんにく、赤唐辛子を入れ、中火で香りが出るまで
炒める。

2. パスタをゆで、裏ごしトマトを加える

分量の水、塩、スパゲッティーニを入れて中火にかけ、煮立ったら**蓋をして弱
火で2分**ゆでる。しっかり混ぜて**A**をのせ、再び煮立ったら蓋をして3分ゆで、
裏ごしトマトを加えて混ぜる。煮立ったら蓋をして火を止め、**5分余熱**で火を
通す。

3. 仕上げ

オリーブ油(EX.)を加え、よく混ぜる。器に盛り、イタリアンパセリをふる。

パスタを2分ゆでてから、魚介をのせて
再び火にかける。**時間差がコツ！**

アラビアータパスタ

◉ よく炒めて赤唐辛子、にんにくの辛みを引き出す

ピリリとした辛みが特徴のパスタには、赤唐辛子をいつもより多めに加え、にんにくとともによく炒めます。
イタリアンパセリはほどよい香りが立つよう、鍋の中で混ぜ合わせます。

材料と作り方　2人分

スパゲッティーニ(半分に折る) … 200g
裏ごしトマト … 250g
にんにく(みじん切り) … 1かけ弱(6g)
赤唐辛子(小口切り) … 1本
オリーブ油(ピュア) … 大さじ2
水 … 400㎖
塩 … 6g(小さじ1強)
オリーブ油(EX.) … 適量
イタリアンパセリ(ざく切り) … 適量

1人分にする場合
材料を半分にし、水の量は200㎖にする。

1. 具を炒める

鍋にオリーブ油(ピュア)、にんにく、赤唐辛子を入れ、弱火でにんにくが薄茶色になるまでよく炒める。

2. パスタをゆで、裏ごしトマトを加える

分量の水、塩、スパゲッティーニを入れて中火にかけ、煮立ったら**蓋をして弱火で2分**ゆでる。しっかり混ぜ、再び煮立ったら**蓋をして3分**ゆで、裏ごしトマトを加えて混ぜる。煮立ったら蓋をして火を止め、**5分余熱**で火を通す。

3. 仕上げ

オリーブ油(EX.)、イタリアンパセリを加え、よく混ぜる。

貧乏人のパスタ

🍳 よく熱した鍋で卵を焼く

卵とチーズさえあれば作れることから、この名に。鍋をよく熱しておき、多めの油を温めて卵を割り落として焼くと、卵が貼りつきません。ぐじゃぐじゃにつぶしてパスタに混ぜてどうぞ。

材料と作り方　2人分

スパゲッティーニ(半分に折る) … 200g
卵 … 2個
オリーブ油(ピュア) … 大さじ2
水 … 450㎖
塩 … 6g(小さじ1強)
オリーブ油(EX.) … 適量
パルミジャーノ・レッジャーノ(おろす) … 適量
粗びき黒こしょう … 適量

1人分にする場合
材料を半分にし、水の量は250㎖にする。

1. 具を炒める

鍋にオリーブ油(ピュア)を入れて熱し、卵を割り落とし、塩少々(分量外)をふり、蓋をして目玉焼きを作り、取り出す。

2. パスタをゆでる

1の鍋に分量の水、塩、スパゲッティーニを入れて中火にかけ、煮立ったら蓋をして弱火で2分ゆでる。しっかり混ぜ、再び煮立ったら蓋をして3分ゆで、火を止めてそのまま5分余熱で火を通す。

3. 仕上げ

オリーブ油(EX.)を加え、よく混ぜる。器に盛り、1をのせ、パルミジャーノ・レッジャーノ、粗びき黒こしょうをふる。

くたくたブロッコリーのパスタ

ブロッコリーをぐずぐずにゆでる

ブロッコリーはやわらかく煮ると、甘みとうまみが出てきて、パスタにもよくからむといいことずくめ！
茎ももったいないから、皮を厚めにむいて5mm角に切って加えましょう。

材料と作り方　2人分

スパゲッティーニ(半分に折る)…200g

ブロッコリー(細かく切る)…½個(150g)

にんにく(薄切り)…½かけ(4g)

赤唐辛子(種を取る)…¼本

オリーブ油(ピュア)…大さじ2

塩…6g(小さじ1強)

水…450㎖

オリーブ油(EX.)…適量

1人分にする場合
材料を半分にし、水の量は250㎖にする。

1. 具を炒める

鍋にオリーブ油(ピュア)、にんにく、赤唐辛子を入れて中火で炒め、香りが出てきたらブロッコリー、塩を入れてひと混ぜする。

2. パスタをゆでる

分量の水、スパゲッティーニを入れて中火にかけ、煮立ったら蓋をして弱火で2分ゆでる。しっかり混ぜ、再び煮立ったら蓋をして3分ゆで、火を止めてそのまま5分余熱で火を通す。

3. 仕上げ

オリーブ油(EX.)を加え、よく混ぜる。

アマトリチャーナ

オイルを乳化させ、ソースに変える

パンチェッタと玉ねぎ入りのトマト味パスタです。コツは、パンチェッタを炒めてうまみを引き出すこと、
仕上げにオリーブ油(EX.)を全体によく混ぜて乳化させて水分をソースに変えることの2つ。

材料と作り方　2人分

スパゲッティーニ(半分に折る) … 200g
パンチェッタ(またはベーコン・棒状に切る) … 40g
玉ねぎ(8mm幅の薄切り) … 1/2個(100g)
裏ごしトマト … 150g
にんにく(薄切り) … 1/2かけ(4g)
赤唐辛子(小口切り) … 1/4本
オリーブ油(ピュア) … 大さじ2
水 … 450ml
塩 … 6g(小さじ1強)
ローズマリー … 1枝
オリーブ油(EX.) … 適量
パルミジャーノ・レッジャーノ(おろす) … 30g
粗びき黒こしょう … 適量

1人分にする場合
材料を半分にし、水の量は250mlにする。

1. 具を炒める

鍋にオリーブ油(ピュア)、にんにく、赤唐辛子、玉ねぎ、パンチェッタを入れ、中火で香りが出るまで炒める。

2. パスタをゆでる

分量の水、塩、ローズマリー、スパゲッティーニを加えて中火にかけ、煮立ったら**蓋をして弱火で2分**ゆでる。しっかり混ぜ、再び煮立ったら**蓋をして3分**ゆで、裏ごしトマトを加えて混ぜる。煮立ったら蓋をし、火を止めて**5分余熱**で火を通す。

3. 仕上げ

オリーブ油(EX.)、パルミジャーノ・レッジャーノ、粗びき黒こしょうを加え、よく混ぜる。

ローズマリーを入れた水でパスタをゆでると、香り豊かな大人味のパスタに。

ナポリタン

 ケチャップを炒めて酸味を丸くする

ケチャップをたっぷり加え、炒めて酸味のカドを取る。
これを守れば、ナポリタンがぐんとおいしくなります。

材料と作り方　2人分

スパゲッティーニ(半分に折る) … 200g
ウインナーソーセージ(斜め切り) … 5本(90g)
マッシュルーム(薄切り) … 3個(35g)
ピーマン(細切り) … 1個(50g)
玉ねぎ(薄切り) … $\frac{1}{4}$個(50g)
オリーブ油(ピュア) … 大さじ2
トマトケチャップ … 大さじ7〜8
水 … 450㎖
塩 … 3g(小さじ½強)
パルミジャーノ・レッジャーノ(おろす) … 適量

1人分にする場合
材料を半分にし、水の量は250㎖にする。

1. 具を炒める

鍋にオリーブ油(ピュア)を熱し、ソーセージ、マッシュルーム、ピーマン、玉ねぎを入れて中火で炒める。しんなりしたらトマトケチャップを加えて炒める。

2. パスタをゆでる

分量の水、塩、スパゲッティーニを入れて中火にかけ、煮立ったら蓋をして弱火で2分ゆでる。しっかり混ぜ、再び煮立ったら蓋をして3分ゆで、火を止めてそのまま5分余熱で火を通す。

3. 仕上げ

器に盛り、パルミジャーノ・レッジャーノをふる。

ミネストローネパスタ

野菜は蒸し煮にしてうまみを引き出す

パスタを多めに加えた、食べるミネストローネ。コツは、野菜を蒸し煮にして、
甘みとうまみをじわじわと引き出すこと。そのおいしさをパスタに充分吸わせます。

材料と作り方　2人分

スパゲッティーニ(細かく折る) … 200g
パンチェッタ(またはベーコン・棒状に切る) … 30g
A ┃ 玉ねぎ(7mm角) … 30g
　 ┃ にんじん(7mm角) … 20g
　 ┃ セロリ(7mm角) … 10g
B ┃ じゃがいも(1cm角) … 60g
　 ┃ キャベツ(2cm角) … 100g
裏ごしトマト … 80g
にんにく(つぶす) … 1/2かけ(4g)
オリーブ油(ピュア) … 大さじ2
水 … 500㎖
塩 … 4g(小さじ1弱)
オリーブ油(EX.) … 適量
パルミジャーノ・レッジャーノ(おろす) … 適量

1人分にする場合
材料を半分にし、水の量は300㎖にする。

1. 野菜を蒸し煮にする

鍋にオリーブ油(ピュア)、にんにく、パンチェッタを入れて弱めの中火で炒める。パンチェッタの脂が透き通ってきたらAを加え、塩1つまみ(分量外)をふり、蓋をして蒸し煮にする。野菜がしんなりしたらBを加え、塩1つまみ(分量外)をふり、蓋をし、じゃがいも、キャベツがしんなりするまで蒸し煮にする。

2. パスタをゆでる

分量の水、塩、スパゲッティーニを加えて中火にかけ、煮立ったら蓋をして弱火で2分ゆでる。しっかり混ぜ、再び煮立ったら蓋をして3分ゆで、裏ごしトマトを加えて混ぜる。煮立ったら蓋をし、火を止めて5分余熱で火を通す。

3. 仕上げ

器に盛り、オリーブ油(EX.)、パルミジャーノ・レッジャーノをふる。

ボスカイオーラパスタ

◉ うまみの出る素材を組み合わせる

きのことツナを使う料理です。きのこは最低3種類くらい使うと食感が楽しくなり、味わいも複雑に。
ここでは、ケイパーとアンチョビーも足し、より味に深みをプラスしました。

材料と作り方　2人分

スパゲッティーニ(半分に折る) … 200g

好みのきのこ(食べやすく切る) … 計150g

ツナ缶(水煮・汁気をきる) … 1缶(80g)

アンチョビー(フィレ) … 1枚(3.5g)

ケイパー(みじん切り) … 5g

裏ごしトマト … 100g

にんにく(薄切り) … 1/2かけ(4g)

赤唐辛子(種を取る) … 1/4本

オリーブ油(ピュア) … 大さじ2

水 … 450㎖

塩 … 6g(小さじ1強)

オリーブ油(EX.) … 適量

イタリアンパセリ(ざく切り) … 適量

1人分にする場合
材料を半分にし、水の量は250㎖にする。

1. 具を炒める

鍋にオリーブ油(ピュア)、にんにく、赤唐辛子を入れ、中火で炒め、香りが出たら、きのこ、アンチョビー、ケイパーを加えて軽く炒める。

2. パスタ、きのこをゆでる

分量の水、塩、スパゲッティーニ、ツナ缶を入れて中火にかけ、煮立ったら蓋をして弱火で2分ゆでる。しっかり混ぜ、再び煮立ったら蓋をして3分ゆで、裏ごしトマトを加えて混ぜる。煮立ったら蓋をし、火を止めて5分余熱で火を通す。

3. 仕上げ

オリーブ油(EX.)、イタリアンパセリを加え、よく混ぜる。

PART 2
シンプル
余熱パスタ

Simple Pasta

カリフラワーのパスタ

🍲 カリフラワーを牛乳でやわらかくゆでる

牛乳でゆでたカリフラワーをつぶしてソースにする、やさしい味のパスタです。
パスタは細かく折るとカリフラワーとよくなじみ、リゾット感覚でいただけます。

材料と作り方　2人分

スパゲッティーニ(細かく折る) … 200g
カリフラワー(ざく切り) … 120g
にんにく(薄切り) … 1/2 かけ(4g)
牛乳 … 400㎖
塩 … 6g(小さじ1強)
水 … 100㎖
オリーブ油(EX.) … 適量
粗びき黒こしょう … 適量

1人分にする場合
材料を半分にし、水の量は50㎖にする。

1. カリフラワーのピューレを作る

鍋に牛乳、にんにく、塩、カリフラワーを入れて中火にかけ、蓋をして
カリフラワーがやわらかくなるまで煮る。ハンドブレンダーでピュー
レ状にする(ハンドブレンダーがない場合は、木ベラでつぶす)。

2. パスタをゆでる

1に分量の水、スパゲッティーニを入れて鍋底からよく混ぜ、煮立っ
たら<u>蓋をして弱火で2分</u>ゆでる。しっかり混ぜ、再び煮立ったら<u>蓋を
して3分</u>ゆで、火を止めてそのまま<u>5分余熱</u>で火を通す。

3. 仕上げ

オリーブ油(EX.)を加え、よく混ぜる。器に盛り、粗びき黒こしょうを
ふる。

ハンドブレンダーなら、鍋
の中でピューレ状にでき
る。なめらかになるまでつ
ぶす。

アンチョビーのしょうがオーリオ

🥘 しょうがをオイルで煮る

にんにくではなく、しょうがを使うからしょうがオーリオ！ さわやかな香りと辛みがパスタ全体を包み込みます。
アンチョビーのうまみをプラスするとおいしさアップ。

材料と作り方　2人分

スパゲッティーニ(半分に折る) … 200g
アンチョビー(フィレ・粗みじん切り) … 2枚(7g)
しょうが(せん切り) … 1かけ(8g)
赤唐辛子(小口切り) … 1/4本
オリーブ油(ピュア) … 大さじ2
水 … 450㎖
塩 … 6g(小さじ1強)
イタリアンパセリ(ざく切り) … 適量

1人分にする場合
材料を半分にし、水の量は250㎖にする。

1. 具を炒める

鍋にオリーブ油(ピュア)、しょうが、赤唐辛子、アンチョビーを
入れ、中火で香りが出るまで炒める。

2. パスタをゆでる

分量の水、塩、スパゲッティーニを加えて中火にかけ、煮立った
ら蓋をして弱火で2分ゆでる。しっかり混ぜ、再び煮立ったら
蓋をして3分ゆで、火を止めてそのまま5分余熱で火を通す。

3. 仕上げ

イタリアンパセリを加え、混ぜる。

しらすとトマトのしょうがオーリオ

🫕 トマトとしょうがを合わせる

しょうがを利かせたパスタには、しらすとトマトが相性ばっちり。さっぱりと後を引く味わいです。
万能ねぎはお好みですが、たっぷり！ がおすすめ。仕上げに全体に混ぜ込みます。

材料と作り方　2人分

スパゲッティーニ(半分に折る) … 200g
釜揚げしらす … 70g
トマト(1㎝角) … 小1個(100g)
しょうが(みじん切り) … 1かけ(8g)
赤唐辛子(小口切り) … ¼本
オリーブ油(ピュア) … 大さじ2
水 … 450㎖
塩 … 6g(小さじ1強)
オリーブ油(EX.) … 適量
万能ねぎ(2㎝長さ) … 適量

1人分にする場合
材料を半分にし、水の量は250㎖にする。

1. 具を炒める

鍋にオリーブ油(ピュア)、しょうが、赤唐辛子を入れ、中火で炒める。香りが出てきたらしらすを入れ、軽く炒める。

2. パスタをゆでる

分量の水、塩、スパゲッティーニを加えて中火にかけ、煮立ったら蓋をして弱火で2分ゆでる。しっかり混ぜ、再び煮立ったら蓋をして3分ゆで、トマトを加えて軽く混ぜる。煮立ったら蓋をし、火を止めて5分余熱で火を通す。

3. 仕上げ

オリーブ油(EX.)、万能ねぎを加え、混ぜる。

マッシュルームラグーのパスタ

 マッシュルームを蒸し煮にする

みじん切りにしたマッシュルームは炒めるのではなく、塩をふって蒸し煮にしてうまみを引き出します。
クセの強いゴルゴンゾーラがベストマッチ。

材料と作り方　2人分

スパゲッティーニ(半分に折る) … 200g
マッシュルーム(みじん切り) … 2パック(200g)
オリーブ油(ピュア) … 大さじ2
水 … 450㎖
塩 … 6g(小さじ1強)
ゴルゴンゾーラ(細かく砕く) … 50〜60g
オリーブ油(EX.) … 適量
粗びき黒こしょう … 適量

1人分にする場合

材料を半分にし、水の量は250㎖にする。

1. 具を炒める

鍋にオリーブ油(ピュア)、マッシュルーム、塩1つまみ(分量外)を
入れてひと混ぜし、蓋をしてしんなりするまで中火で蒸し煮に
する。

2. パスタをゆでる

分量の水、塩、スパゲッティーニを加えて中火にかけ、煮立った
ら蓋をして弱火で2分ゆでる。しっかり混ぜ、再び煮立ったら
蓋をして3分ゆで、火を止めてそのまま5分余熱で火を通す。

3. 仕上げ

ゴルゴンゾーラ、オリーブ油(EX.)を加え、全体によく混ぜる。
器に盛り、粗びき黒こしょうをふる。

トレビスのパスタ

🍲 トレビスを赤ワインでギューッと煮詰める

ビターな味わいのトレビスを赤ワインでしっかり煮て、大人っぽい味に仕上げました。
モッツァレラで色味のコントラストをつけて。混ぜながら食べてください。

材料と作り方　2人分

スパゲッティーニ(半分に折る) … 200g
トレビス(ざく切り) … 100g
にんにく(薄切り) … ½かけ(4g)
赤ワイン … 200㎖
オリーブ油(ピュア) … 大さじ2
水 … 300㎖
塩 … 6g(小さじ1強)
モッツァレラ … 1個(100g)
オリーブ油(EX.) … 適量
粗びき黒こしょう … 適量

1人分にする場合
材料を半分にし、水の量は250㎖にする。

1. 具を炒め、赤ワインで煮る

鍋にオリーブ油(ピュア)、にんにくを入れて中火で炒め、香りが出たら
トレビスを加え、塩少々(分量外)をふって炒める。しんなりしたら赤ワ
インを加え、蓋をして半量になるまで煮る。

2. パスタをゆでる

分量の水、塩、スパゲッティーニを加えて中火にかけ、煮立ったら**蓋を
して弱火で2分**ゆでる。しっかり混ぜ、再び煮立ったら**蓋をして3分**ゆ
で、火を止めてそのまま**5分余熱**で火を通す。

3. 仕上げ

器に盛り、モッツァレラを等分にしてのせ、オリーブ油(EX.)、粗びき
黒こしょうをふる。

アスパラガスと生ハムの マスカルポーネパスタ

🎯 マスカルポーネを溶かし、ソースにする

マスカルポーネを余熱直前に加えて溶かすと、
生クリームよりもすっきりとクリーミーなパスタソースになります。
アスパラガスの香りがついたゆで汁でパスタをゆでるのもポイント。

材料と作り方　2人分

スパゲッティーニ（半分に折る）… 200g

アスパラガス … 4本（120g）

マスカルポーネ … 100g

生ハム（1cm幅に切る）… 4枚（30g）

水 … 500ml

塩 … 6g（小さじ1強）

オリーブ油（EX.）… 適量

パルミジャーノ・レッジャーノ（おろす）… 適量

粗びき黒こしょう … 適量

1人分にする場合
材料を半分にし、水の量は280mlにする。

1. アスパラガスのだし汁を作る

アスパラガスは根元1cmを落とし、下側のかたい皮をむき、1cm幅の斜め切りにする。鍋に分量の水、アスパラガスの根元、皮を入れ、蓋をして中火にかける。

2. パスタをゆでる

煮立ったら火を止め、アスパラガスの根元、皮を取り除き、塩、スパゲッティーニ、斜め切りのアスパラガスを入れて中火にかける。煮立ったら**蓋をして弱火で2分**ゆで、しっかり混ぜて再び煮立ったら**蓋をして3分**ゆでる。生ハム、マスカルポーネを入れてよく混ぜ、煮立ったら蓋をし、火を止めて**5分余熱**で火を通す。

3. 仕上げ

器に盛り、オリーブ油（EX.）、パルミジャーノ・レッジャーノ、粗びき黒こしょうをふる。

コーンとゴルゴンゾーラのミルクパスタ

🍲 ローズマリー入りの牛乳でパスタをゆでる

牛乳だけでなくローズマリーを入れてパスタをゆでるので、さわやかな香りが口いっぱいに広がります。
甘みのあるコーンには、辛みのあるゴルゴンゾーラがよく合います。

材料と作り方　2人分

スパゲッティーニ(半分に折る)… 200g
コーン缶 … 1缶(180g)
A｜牛乳 … 200㎖
　｜水 … 250㎖
　｜にんにく(つぶす)… ½かけ(4g)
　｜ローズマリー … ½枝
　｜塩 … 6g(小さじ1強)
オリーブ油(EX.)… 適量
ゴルゴンゾーラ(くずす)… 50g
粗びき黒こしょう … 適量

1人分にする場合
材料を半分にし、水の量は150㎖にする。

1. 牛乳でパスタをゆでる

鍋に A 、スパゲッティーニを入れて中火にかけ、煮立ったら**蓋をして弱火で2分**ゆでる。しっかり混ぜ、コーンを加えて再び煮立ったら**蓋をして3分**ゆで、火を止めてそのまま**5分余熱**で火を通す。

2. 仕上げ

オリーブ油(EX.)、ゴルゴンゾーラを加え、よく混ぜる。器に盛り、粗びき黒こしょうをふる。

ささ身ののりバターパスタ

🍳 のりを煮溶かしてソースにする

ちぎって加えたのりがパスタ全体を包み込みます。そこにバターの香りがフワ〜ッ！
のりの佃煮を思わせる、どこか懐かしい和風のパスタです。

材料と作り方　2人分

スパゲッティーニ(半分に折る) … 200g
ささ身 … 4本(200g)
のり … 全形2枚
水 … 500㎖
塩 … 6g(小さじ1強)
ケイパー(みじん切り) … 5g
赤唐辛子(小口切り) … 1/2本
A｜バター … 15g
　｜オリーブ油(EX.) … 適量
　｜粗びき黒こしょう … 適量
イタリアンパセリ(ざく切り) … 適量

1人分にする場合
材料を半分にし、水の量は300㎖にする。

1. ささ身の下ごしらえ

ささ身は1％の塩(分量外)をふり、そぎ切りにする。

2. パスタ、ささ身をゆでる

鍋に分量の水、塩、スパゲッティーニ、ケイパー、赤唐辛子を入れ、のりをちぎり入れて中火にかける。煮立ったら**蓋をして弱火で2分**ゆでる。しっかり混ぜて**1**を加え、再び煮立ったら**蓋をして3分**ゆで、火を止めてそのまま**5分余熱**で火を通す。

3. 仕上げ

Aを加え、よく混ぜる。器に盛り、イタリアンパセリをふる。

ベーコンとズッキーニのいかすみパスタ

🍳 いかすみを最初から加える

濃厚なうまみと甘みがおいしさのいかすみのパスタです。いかすみはパスタをゆでるときに加え、
パスタにしっかり味をまとわせます。ベーコンのうまみも効果的。

材料と作り方　2人分

スパゲッティーニ(細かく折る) … 200g
ベーコン(ブロック・棒状に切る) … 60g
ズッキーニ(半月切り) … 60g
いかすみペースト … 40g
にんにく(薄切り) … 1/2 かけ(4g)
赤唐辛子(種を取る) … 1/4 本
オリーブ油(ピュア) … 大さじ2
水 … 450㎖
塩 … 6g(小さじ1強)
タイム … 5枝
オリーブ油(EX.) … 適量

1人分にする場合
材料を半分にし、水の量は250㎖にする。

1. 具を炒める

鍋にオリーブ油(ピュア)、にんにく、赤唐辛子を入れ、中火で炒める。香りが出たらベーコンを加え、少しカリカリになるまで炒める。

2. パスタをゆでる

分量の水、塩、スパゲッティーニ、いかすみペーストを加えて中火にかけ、煮立ったら<u>蓋をして弱火で2分</u>ゆでる。しっかり混ぜ、ズッキーニを加え、再び煮立ったら<u>蓋をして3分</u>ゆでる。タイムを加えて蓋をし、火を止めて<u>5分余熱</u>で火を通す。

3. 仕上げ

オリーブ油(EX.)を加え、よく混ぜる。

かきのバターパスタ

◎ 煮立った湯にかきを加える

かきは加熱しすぎないことがおいしさのカギ。でも、ちゃんとうまみを出したいので、湯が煮立ったところに加えます。
かきからも水分が出るので、ゆでるときの水分は少なめに。

材料と作り方　2人分

スパゲッティーニ(半分に折る) … 200g
かき … 8個(200g)
にんにく(薄切り) … 1/2かけ(4g)
赤唐辛子(種を取る) … 1/4本
オリーブ油(ピュア) … 大さじ2
水 … 400㎖
塩 … 6g(小さじ1強)
バター … 20g
オリーブ油(EX.) … 適量
ディル(ざく切り) … 適量

1人分にする場合
材料を半分にし、水の量は200㎖にする。

1. 具を炒める

鍋にオリーブ油(ピュア)、にんにく、赤唐辛子を入れ、中火で香りが出るまで炒める。

2. パスタをゆでる

分量の水、塩、スパゲッティーニを入れて中火にかけ、煮立ったら蓋をして弱火で2分ゆでる。しっかり混ぜ、かきを加え、再び煮立ったら蓋をして3分ゆで、火を止めてそのまま5分余熱で火を通す。

3. 仕上げ

バター、オリーブ油(EX.)を加え、よく混ぜる。器に盛り、ディルを飾る。

たらことセロリのレモンパスタ

🥘 たらこは余熱後に加える

たらこのプチプチ感とセロリのシャキシャキ感が楽しいパスタです。
ケイパーとセロリ、レモンの皮をさっと炒めて香りと風味を引き出し、ゆで上がってからたらこを加えます。

材料と作り方　2人分

スパゲッティーニ(半分に折る) … 200g
たらこ(ほぐす) … 3腹(150g)
セロリ(横5mm幅) … 50g
セロリの葉(ざく切り) … 少々
レモンの皮(ノーワックス・みじん切り) … $\frac{1}{8}$個分
ケイパー(みじん切り) … 5g
にんにく(薄切り) … $\frac{1}{2}$かけ(4g)
赤唐辛子(種を取る) … $\frac{1}{4}$本
オリーブ油(ピュア) … 大さじ1
水 … 450㎖
塩 … 6g(小さじ1強)

1人分にする場合
材料を半分にし、水の量は250㎖にする。

1. 具を炒める

鍋にオリーブ油(ピュア)、にんにく、赤唐辛子、ケイパー、セロリ
を弱めの中火で炒める。香りが出たらレモンの皮を入れ、さっ
と炒める。

2. パスタをゆでる

分量の水、塩、スパゲッティーニを入れて中火にかけ、煮立った
ら蓋をして弱火で2分ゆでる。しっかり混ぜ、再び煮立ったら
蓋をして3分ゆで、そのまま5分余熱で火を通す。

3. 仕上げ

たらこを加え、混ぜる。器に盛り、セロリの葉を散らし、好みで
さらにレモンの皮を削ってかける。

ミントレモンのクリームパスタ

◉ レモンの果肉と皮を使う

クリーミーなのにほどよくさわやかなのは、仕上げにたっぷりふったレモンの皮とミントのおかげ。
レモンの果肉は軽く炒め、持ち味のビターさをプラスします。

材料と作り方　2人分

スパゲッティーニ(半分に折る) … 200g
レモン(ノーワックス) … 5mm厚さ4枚
にんにく(薄切り) … ½かけ(4g)
オリーブ油(ピュア) … 大さじ2
水 … 300ml
生クリーム … 200ml
塩 … 6g(小さじ1強)
オリーブ油(EX.) … 適量
ミント(ざく切り) … 8g
レモンの皮(ノーワックス) … 1個分
粗びき黒こしょう … 少々

1人分にする場合
材料を半分にし、水の量は200mlにする。

1. 具を炒める
鍋にオリーブ油(ピュア)、にんにく、レモンを入れ、中火でにんにくが軽く色づくまで炒める。

2. パスタをゆでる
分量の水、生クリーム、塩、スパゲッティーニを加えて中火にかけ、煮立ったら蓋をして弱火で2分ゆでる。しっかり混ぜ、再び煮立ったら蓋をして3分ゆで、火を止めてそのまま5分余熱で火を通す。

3. 仕上げ
オリーブ油(EX.)を加え、混ぜる。器に盛り、ミントをのせ、レモンの皮を削ってかけ、粗びき黒こしょうをふる。

47

たらとじゃがいもとオリーブのパスタ

🍳 オリーブを炒め、油に香りを移す

相性抜群のたらとじゃがいもの組み合わせ。
そこにオリーブで酸味をつけ、タイムの香りをつけると一気におしゃれな味わいになります。

材料と作り方　2人分

スパゲッティーニ(半分に折る) … 200g
たらの切り身(皮をはずす) … 2切れ(200g)
じゃがいも(1cm角) … 小1個(100g)
オリーブ(黒) … 40g
にんにく(薄切り) … 1/2かけ(4g)
赤唐辛子(種を取る) … 1/4本
オリーブ油(ピュア) … 大さじ2
水 … 450㎖
塩 … 6g(小さじ1強)
タイム … 6枝
オリーブ油(EX.) … 適量

1人分にする場合
材料を半分にし、水の量は250㎖にする。

1. 材料の下ごしらえ

じゃがいもはラップで包み、電子レンジ(500W)で3分加熱する。たらは一口大に切り、1%の塩(分量外)をふる。

2. 具を炒める

鍋にオリーブ油(ピュア)、にんにく、赤唐辛子を入れて中火で炒め、香りが出たらオリーブを加え、さっと炒める。

3. パスタ、具をゆでる

分量の水、塩、スパゲッティーニ、タイムを加えて中火にかけ、**蓋をして弱火で2分**ゆでる。しっかり混ぜ、**1**を加え、再び煮立ったら**蓋をして3分**ゆで、火を止めてそのまま**5分余熱**で火を通す。オリーブ油(EX.)を加え、よく混ぜる。

オイルサーディンと
ほうれん草のバルサミコパスタ

バルサミコをギューッと煮詰める

バルサミコ酢は煮詰めると酸味のカドが取れて、うまみに変化します。
そのうまみを利用してほうれん草やパスタをゆでる、少し贅沢なパスタ。えぐみのあるほうれん草もマッチ。

材料と作り方　2人分

スパゲッティーニ(半分に折る) … 200g
オイルサーディン缶 … 2缶(150g)
ほうれん草(ざく切り) … 1/4束(80g)
にんにく(薄切り) … 1/2かけ(4g)
オリーブ油(ピュア) … 大さじ2
バルサミコ酢 … 100㎖
水 … 400㎖
塩 … 6g(小さじ1強)
オリーブ油(EX.) … 適量

1人分にする場合
材料を半分にし、水の量は250㎖にする。

1. バルサミコを煮詰める

鍋にオリーブ油(ピュア)、にんにくを入れて中火で炒め、香りが出たら
バルサミコ酢を加え、1/3量くらいになるまで煮詰める。

2. パスタ、ほうれん草をゆでる

分量の水、塩、スパゲッティーニを入れて中火にかけ、煮立ったらほう
れん草を加え、再び煮立ったら**蓋をして弱火で2分**ゆでる。しっかり
混ぜ、オイルサーディンを加え、煮立ったら**蓋をして3分**ゆで、火を止
めてそのまま**5分余熱**で火を通す。

3. 仕上げ

オリーブ油(EX.)を加え、よく混ぜる。

PART 3

ボリューム

余熱パスタ

Volume Pasta

サルシッチャパスタ

ひき肉だねはざっくり分けて焼く

サルシッチャは固まっているところとポロポロのところがあったほうが食べていて楽しい。
パスタにもよくからむので、鍋の中でざっくり分けて焼きます。ローズマリーの香りを利かせて風味よく。

材料と作り方　2人分

スパゲッティーニ（半分に折る）… 200g

サルシッチャだね

豚ひき肉（粗びき）… 200g

塩（肉の1%）… 2g（小さじ½弱）

ローズマリー（ちぎる）… ½枝

ナツメグパウダー … 少々

にんにく（薄切り）… ½かけ（4g）

赤唐辛子（小口切り）… ¼本

オリーブ油（ピュア）… 大さじ2

水 … 450㎖

塩 … 6g（小さじ1強）

オリーブ油（EX.）… 適量

粗びき黒こしょう … 適量

1人分にする場合
材料を半分にし、水の量は250㎖にする。

1. サルシッチャだねを混ぜる

ボウルにサルシッチャだねの材料を入れ、粘りが出ないように混ぜ（全体が混ざればOK）、ラップをかけて室温に5分ほどおき（夏場は冷蔵庫）、味をなじませる。

2. サルシッチャを焼く

鍋にオリーブ油（ピュア）、にんにく、赤唐辛子を入れて中火で炒め、香りが出たら火を止める。**1**を加え、スプーンで一口大にざっくり分け、中火で半分くらい色が変わるまで焼く。

3. パスタをゆでる

分量の水、塩、スパゲッティーニを入れて中火にかけ、煮立ったら<u>蓋をして弱火で2分</u>ゆでる。しっかり混ぜ、再び煮立ったら<u>蓋をして3分</u>ゆで、火を止めてそのまま**5分余熱**で火を通す。オリーブ油（EX.）を加え、よく混ぜる。器に盛り、粗びき黒こしょうをふる。

混ぜた肉だねを鍋に入れ、スプーンでざっくりと一口大に分ける。

ミートボールパスタ

 ミートボールは蒸し煮にする

誰にでも、いつでも人気のトマト味のパスタです。
ミートボールは焼かずにパスタの上にのせて蒸し煮状態にすると、口当たりがふわふわに。

材料と作り方　2人分

スパゲッティーニ(半分に折る) … 200g

ミートボールだね
豚ひき肉(粗びき) … 200g
塩(肉の1%) … 2g(小さじ½弱)
パン粉 … 20g
牛乳 … 20㎖

A | にんにく(つぶす) … ½かけ(4g)
　 | 赤唐辛子(種を取る) … ½本
　 | ローリエ … 1枚
　 | 水 … 400㎖
　 | 塩 … 4g(小さじ1弱)

裏ごしトマト … 150g
オリーブ油(EX.) … 適量
ルッコラ(長めにちぎる) … 適量
パルミジャーノ・レッジャーノ(おろす) … 適量

1人分にする場合
材料を半分にし、水の量は200㎖にする。

1. ミートボールを作る

ボウルにミートボールの材料を入れてしっかり練り混ぜ、10等分にしてボール状に丸める。

2. パスタ、ミートボールを蒸し煮にする

鍋にA、スパゲッティーニを入れ、**1**をのせて中火にかけ、煮立ったら**蓋をして弱火で2分**ゆでる。しっかり混ぜ、再び煮立ったら**蓋をして3分**ゆで、裏ごしトマトを加えて混ぜる。煮立ったら蓋をして火を止め、**5分余熱**で火を通す。

3. 仕上げ

オリーブ油(EX.)を加え、よく混ぜる。器に盛り、ルッコラをのせ、パルミジャーノ・レッジャーノをふる。

ミートボールはパスタの上にのせ、蒸し煮にするから、やわらか。

鶏肉とキャベツのパスタ

◉ 鶏肉の皮目をじっくり焼く

この料理の場合、パスタは鶏肉のソテーのつけ合わせであり、主食です。
鶏肉をローズマリーの香りを移しながら香ばしく焼き、同じ鍋でパスタをゆでて肉のうまみを移します。

材料と作り方　2人分

スパゲッティーニ(細かく折る) … 150g
鶏もも肉 … 1枚(220g)
キャベツ(ざく切り) … 90g
にんにく(つぶす) … ½かけ(4g)
ローズマリー … 1枝
オリーブ油(ピュア) … 大さじ2
水 … 450㎖
塩 … 4g(小さじ1弱)
粗びき黒こしょう … 適量
イタリアンパセリ(ちぎる) … 適量

1人分にする場合
材料を半分にし、水の量は250㎖にする。

1. 鶏肉を焼く

鶏もも肉は1%強の塩(3g・分量外)をふる。鍋にオリーブ油(ピュア)を中火で熱し、鶏肉の皮目を下にして置き、にんにく、ローズマリーを加えて中火で8〜9分かけてじっくり焼く。鶏肉を返し、1〜2分焼いて取り出す。

2. パスタ、キャベツをゆでる

1の鍋に分量の水、塩、スパゲッティーニ、キャベツを入れて中火にかけ、煮立ったら蓋をして弱火で2分ゆでる。しっかり混ぜ、再び煮立ったら蓋をして3分ゆで、火を止めてそのまま5分余熱で火を通す。

3. 仕上げ

器に2を盛り、1を半分に切ってのせ、イタリアンパセリ、粗びき黒こしょうをふる。

鶏肉を焼くときにローズマリーをのせ、香りをつける。

豚肉としょうがのクリームパスタ

🍲 しょうがの風味で豚肉を炒める

豚肉のしょうが焼きをヒントに生まれたパスタです。
しょうがのおかげで生クリームがちょうどいいコクに変わります。青じそは食べるときにたっぷり混ぜて。

材料と作り方　2人分

スパゲッティーニ(半分に折る) … 200g
豚バラ薄切り肉(5mm幅に切る) … 100g
しょうが(みじん切り) … 1かけ(8g)
オリーブ油(ピュア) … 大さじ2
水 … 300㎖
生クリーム … 200㎖
塩 … 6g(小さじ1強)
オリーブ油(EX.) … 適量
粗びき黒こしょう … 適量
青じそ(細切り) … 10枚

1人分にする場合
材料を半分にし、水の量は200㎖にする。

1. 具を炒める

豚肉は塩1つまみ(分量外)をふる。鍋にオリーブ油(ピュア)、しょうがを入れて中火で炒め、香りが出てきたら豚肉を加え、焼き色がつくまでしっかり炒める。

2. パスタをゆでる

分量の水、生クリーム、塩、スパゲッティーニを加えて中火にかけ、煮立ったら**蓋をして弱火で2分**ゆでる。しっかり混ぜ、再び煮立ったら**蓋をして3分**ゆで、火を止めてそのまま**5分余熱**で火を通す。

3. 仕上げ

オリーブ油(EX.)、粗びき黒こしょう、青じその一部を加え、よく混ぜる。食べるときに、さらに青じそを混ぜて食べる。

しょうががじくじくして香りが出てきたら、豚肉を加え、しっかり炒める。

豚肉と根菜の粒マスタードクリームパスタ

🍲 豚肉と根菜をしっかり炒める

サクサクとした歯ごたえと土っぽい香りがおいしさの根菜は、クリームとの相性ばっちり。
粒マスタードをプラスすると酸味がアクセントになり、ずっとおいしく食べられます。

材料と作り方　2人分

スパゲッティーニ(半分に折る) … 200g
豚バラ肉(焼き肉用・細切り) … 150g
ごぼう(乱切り) … 50g
れんこん(5mm幅の縦切り) … 50g
にんにく(つぶす) … ½かけ(4g)
オリーブ油(ピュア) … 大さじ2
水 … 250㎖
生クリーム … 200㎖
塩 … 6g(小さじ1強)
A ┃ 粒マスタード … 40g
　┃ 粗びき黒こしょう … 適量
　┃ オリーブ油(EX.) … 適量

1人分にする場合
材料を半分にし、水の量は150㎖にする。

1. 具を炒める

豚肉は1%の塩(1g強・分量外)をふり、10分ほどおく。鍋にオリーブ油(ピュア)、にんにくを入れて中火で炒める。香りが出たら豚肉を入れて炒め、色が変わったら野菜を入れて油が回るまで炒める。

2. パスタをゆでる

分量の水、生クリーム、塩、スパゲッティーニを加えて中火にかけ、煮立ったら**蓋をして弱火で2分**ゆでる。しっかり混ぜ、再び煮立ったら**蓋をして3分**ゆで、火を止めてそのまま**5分余熱**で火を通す。

3. 仕上げ

Aを加えてよく混ぜる。

59

アグロドルチェとレバーのパスタ

🍲 レバーは火を通しすぎない

アグロドルチェとは、「甘くて苦い」という意味で玉ねぎのジャムのこと。これを薬味的に使ったパスタです。
クセが強く、甘じょっぱい味が合うレバーを加えると、ボリュームが出てよりおいしくなります。

材料と作り方　2人分

スパゲッティーニ（細かく折る）… 150g
鶏レバー … 200g
オリーブ油（ピュア）… 大さじ2
水 … 400㎖
塩 … 2g（小さじ½弱）

アグロドルチェ
赤玉ねぎ（縦半分、横5㎜の薄切り）… 1個（200g）
砂糖 … 10g（大さじ1強）
塩 … 4g（小さじ1弱）
赤ワインビネガー … 50㎖
クローブ … 2個
ローリエ … 1枚

オリーブ油（EX.）… 適量
粗びき黒こしょう … 適量

1人分にする場合
材料を半分にし、水の量は200㎖にする。

1.　レバーを焼きつける

レバーは筋を取って一口大に切り、1％の塩（2g・分量外）をふる。鍋にオリーブ油（ピュア）をよく熱し、レバーの表面を中火で焼きつけ（中まで火が通らなくてよい）、取り出す。

2.　アグロドルチェを作る

1の鍋にアグロドルチェの材料を入れて弱火にかけ、ときどき混ぜながら蓋をして5分ほど蒸し煮にする。

3.　パスタをゆでる

分量の水、塩、スパゲッティーニを加えて中火にかけ、煮立ったら蓋をして弱火で2分ゆでる。しっかり混ぜ、再び煮立ったら蓋をして3分ゆで、**1**をのせる。煮立ったら蓋をして火を止め、5分余熱で火を通す。オリーブ油（EX.）をかけてよく混ぜ、器に盛って粗びき黒こしょうをふる。

アグロドルチェの材料を入れたら、ときどき混ぜながら蓋をして火にかける。

5分後はこんな感じ。

余熱に入る前のタイミングでレバーをのせる。

ラム肉ラグーのスパイシーパスタ

ラム肉はカレー粉で炒める

野性味あふれるラム肉は粗めのみじん切りにし、カレー粉でスパイシーに仕上げます。
グリーンピースとなじみやすいようパスタも細かく折って加えるのがおすすめ。

材料と作り方　2人分

スパゲッティーニ(細かく折る) … 150g
ラム肉(焼き肉用・粗みじん切り) … 200g
グリーンピース(冷凍・解凍する) … 200g
にんにく(つぶす) … $\frac{1}{2}$ かけ(4g)
赤唐辛子(種を取る) … 1本
オリーブ油(ピュア) … 大さじ2
カレー粉 … 4g
水 … 300㎖
塩 … 4g(小さじ1弱)

1人分にする場合
材料を半分にし、水の量は180㎖にする。

1. 具を炒める

ラム肉は1％の塩(分量外)をふり、10分ほどおく。鍋にオリーブ油(ピュア)、にんにく、赤唐辛子を入れて中火で炒め、香りが出たらラム肉を加え、色が変わるまで炒めてカレー粉をふってなじませる。

2. パスタをゆでる

分量の水、塩、スパゲッティーニ、グリーンピースを加えて中火にかけ、煮立ったらしっかり混ぜ、再び煮立ったら蓋をして弱火で5分ゆでる。火を止め、そのまま5分余熱で火を通す。

アクアパッツァパスタ

🥘 魚の皮目だけを焼き、取り出す

魚とあさりのうまみを吸ったパスタは、かみしめるごとにうまみがジュワッ！
魚は焼きすぎるとパサつくので、皮目だけを焼いて皮と身の間にあるうまみを引き出します。

材料と作り方　2人分

スパゲッティーニ(半分に折る)… 200g
金目鯛 … 2切れ(130g)
あさり(砂抜き済み)… 200g
ミニトマト … 8個
にんにく(つぶす) … $\frac{1}{2}$ かけ(4g)
赤唐辛子(小口切り) … $\frac{1}{4}$ 本
オリーブ油(ピュア) … 大さじ2
水 … 400㎖
塩 … 4g(小さじ1弱)
オリーブ油(EX.) … 適量
セルフィーユ(ちぎる) … 適量

1人分にする場合
材料を半分にし、水の量は250㎖にする。

1. 具を炒める

金目鯛は1％の塩(分量外)をふる。鍋にオリーブ油(ピュア)をよく熱し、にんにく、金目鯛の皮目を下にして入れ、焼き目をつけ、取り出す。

2. パスタをゆでる

分量の水、塩、赤唐辛子、スパゲッティーニを入れ、中火にかける。煮立ったらあさり、ミニトマトを加え、**蓋をして弱火で2分**ゆでる。しっかり混ぜ、再び煮立ったら**蓋をして3分**ゆで、金目鯛を戻し入れ、火を止めてそのまま**5分余熱**で火を通す。

3. 仕上げ

オリーブ油(EX.)を加え、よく混ぜる。器に盛って金目鯛をのせ、セルフィーユを散らす。

魚は皮目を焼いて皮と身の間のうまみを
引き出す。鍋に魚が貼りついたときは、
ぬれぶきんの上に鍋をのせるとよい。

えびのトマトクリームパスタ

◎ えびは炒めて、一度取り出す

クリーミーかつトマトの酸味が利いた、みんなが好きな味です。
えびは香ばしくしたいけどかたくしたくないので、一度ソテーして取り出し、余熱のタイミングで戻します。

材料と作り方　2人分

スパゲッティーニ(半分に折る) … 160g
むきえび … 24尾(100g)
ミニトマト … 10個
裏ごしトマト … 150g
にんにく(薄切り) … 1/2かけ(4g)
赤唐辛子(種を取る) … 1/4本
オリーブ油(ピュア) … 大さじ2
水 … 250㎖
生クリーム … 200㎖
塩 … 6g(小さじ1強)
ディル(刻む) … 適量

1人分にする場合
材料を半分にし、水の量は150㎖にする。

1. 具を炒める

鍋にオリーブ油(ピュア)、にんにく、赤唐辛子を入れて中火で炒め、香りが出たらえびを軽く炒め、取り出す。

2. パスタをゆでる

分量の水、生クリーム、塩、スパゲッティーニを入れて中火にかけ、煮立ったら**蓋をして弱火で2分**ゆでる。しっかり混ぜ、再び煮立ったら**蓋をして3分**ゆで、裏ごしトマトを加えて混ぜ、**1**のえび、ミニトマトをのせる。煮立ったら蓋をして火を止め、**5分余熱**で火を通す。

3. 仕上げ

器に盛り、ディルを飾る。

パスタ・エ・ファッジョーリ

🍲 パンチェッタでうまみをつける

トスカーナ地方の郷土料理です。通常はパスタを浮き身に使いますが、
ここでは少し多めにし、食べ応えを出しました。

材料と作り方　2人分

スパゲッティーニ（細かく折る）… 100g
パンチェッタ（またはベーコン・粗みじん切り）… 50g
ミックスビーンズ（ドライパック）… 2パック（240g）
じゃがいも（5mm角）… 50g
裏ごしトマト … 120g
にんにく（つぶす）… 1/2かけ（4g）
オリーブ油（ピュア）… 大さじ2
水 … 500ml
タイム … 6枝
塩 … 6g（小さじ1強）
A ┌ オリーブ油（EX.）… 適量
　│ 粗びき黒こしょう … 適量
　└ パルミジャーノ・レッジャーノ（おろす）… 適量
イタリアンパセリ（ちぎる）… 適量

1人分にする場合
材料を半分にし、水の量は300mlにする。

1. 具を炒める

鍋にオリーブ油（ピュア）、にんにく、パンチェッタを入れ、中火で炒める。パンチェッタが透き通ってきたらじゃがいもを加え、油が回るまで炒める。

2. パスタをゆでる

分量の水、タイム、塩、スパゲッティーニ、ミックスビーンズを加えて中火にかけ、煮立ったら**蓋をして弱火で2分**ゆでる。しっかり混ぜ、再び煮立ったら**蓋をして3分**ゆで、裏ごしトマトを加えて混ぜる。煮立ったら蓋をして火を止め、**5分余熱**で火を通す。

3. 仕上げ

Aを加え、よく混ぜる。器に盛り、イタリアンパセリをのせる。

焼く
余熱パスタ
Baked Pasta

カポナータと卵のパスタグラタン

🍳 蒸し煮にして野菜の甘みを引き出す

蒸し煮にした野菜の甘みとうまみを充分吸い込み、パスタがおいしくなります。
落とした卵をとろりとくずしてからめながら食べるのも、この料理の醍醐味。好みでチリペッパーをかけても。

材料と作り方　4人分

スパゲッティーニ(細かく折る) … 160g
パプリカ(乱切り) … 120g
玉ねぎ(2cm角) … 1/2個(100g)
ズッキーニ(2cm角) … 大1/2本(100g)
なす(2cm厚さの半月切り) … 2本(120g)
裏ごしトマト … 280g
にんにく(つぶす) … 1かけ(8g)
オリーブ油(ピュア) … 大さじ3
水 … 500㎖
塩 … 9g(小さじ2弱)
卵 … 4個
パルミジャーノ・レッジャーノ(おろす) … 適量
A │ オリーブ油(EX.) … 適量
　 │ 粗びき黒こしょう … 適量

2人分にする場合
材料を半分にし、水の量は250㎖にする。

1. 具を炒める

鍋にオリーブ油(ピュア)、にんにくを入れて中火で炒める。香りが出たら野菜を入れ、塩少々(分量外)をふり、蓋をして中火でくったりするまで蒸し焼きにする。

2. パスタをゆでる

分量の水、塩、スパゲッティーニを加えて中火にかけ、煮立ったら蓋をして弱火で2分ゆでる。しっかり混ぜ、再び煮立ったら蓋をして3分ゆで、裏ごしトマトを加えて混ぜる。煮立ったら蓋をし、火を止めて5分余熱で火を通す。

3. オーブンで焼く

卵を落とし、塩少々(分量外)をふる。パルミジャーノ・レッジャーノをふり、250℃に予熱したオーブンで5〜10分焼く。仕上げにAをふる。

ヤンソンさんの誘惑 ブリッカ風

🥘 じゃがいもはごく薄切りにする

スウェーデンのヤンソンさんの誘惑とフランスのドフィノアのいいとこどりレシピです。
カリカリになったパスタ、ゴルゴンゾーラ、アンチョビーの塩けがたまりません。

材料と作り方　4人分

スパゲッティーニ（細かく折る）… 160g
じゃがいも（スライサーで薄切り）… 280g
にんにく（つぶす）… 1かけ（8g）
オリーブ油（ピュア）… 大さじ3
水 … 300㎖
塩 … 6g（小さじ1強）
生クリーム … 200㎖
アンチョビー（フィレ）… 3枚（約10g）
ゴルゴンゾーラ（くずす）… 60g
パルミジャーノ・レッジャーノ（おろす）… 適量

2人分にする場合

材料を半分にし、水の量は200㎖にする。

1. 具を炒める

鍋にオリーブ油（ピュア）、にんにくを入れて中火で炒め、香りを出す。

2. パスタをゆでる

分量の水、塩、スパゲッティーニを入れて中火にかけ、煮立ったら<u>蓋をして弱火で2分</u>ゆでる。しっかり混ぜ、生クリームを加えてじゃがいもを並べ、再び煮立ったら<u>蓋をして3分</u>ゆで、火を止めてそのまま**5分余熱**で火を通す。

3. オーブンで焼く

アンチョビーをちぎってのせ、ゴルゴンゾーラ、パルミジャーノ・レッジャーノをかけ、250℃に予熱したオーブンで5〜10分焼く。

2種類のチーズをかけて焼くと贅沢なおいしさに！

PART 4

焼く

ラム肉とししとうのレモンパン粉グラタン

レモンをのせて焼く

夏っぽい料理をイメージして作った、焼きパスタです。
クセの強いラム肉にレモンの酸味と苦みがマッチ。ししとうもさわやかな味わいに一役買っています。

材料と作り方　4人分

スパゲッティーニ(細かく折る) … 160g
ラム肉(焼き肉用・粗みじん切り) … 300g
ししとう … 100g
ミニトマト … 20個(175g)
レモン(ノーワックス・ごく薄切り) … 12枚
にんにく(つぶす) … 1かけ(8g)
オリーブ油(ピュア) … 大さじ3
水 … 500㎖
塩 … 8g(小さじ1 ½強)
ローズマリー … 1枝
パルミジャーノ・レッジャーノ(おろす) … 適量
パン粉 … 適量

2人分にする場合
材料を半分にし、水の量は300㎖にする。

1. 具を炒める

ラム肉は1%の塩(分量外)をふり、10分ほどおく。鍋にオリーブ油(ピュア)、にんにく、ししとうを入れ、塩少々(分量外)をふり、蓋をして中火でしんなりするまで蒸し焼きにする。

2. パスタをゆでる

分量の水、塩、ラム肉を加えて軽くほぐし、スパゲッティーニ、ローズマリーを入れ、中火にかける。煮立ったら**蓋をして弱火で2分**ゆで、しっかり混ぜ、ミニトマトを加え、再び煮立ったら**蓋をして3分**ゆでる。レモンを全体に並べ、煮立ったら蓋をし、火を止めて**5分余熱**で火を通す。

3. オーブンで焼く

パルミジャーノ・レッジャーノ、パン粉をふり、250℃に予熱したオーブンで5〜10分焼く。

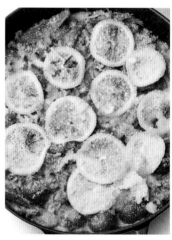

レモンの上にパルミジャーノ・レッジャーノ、パン粉をたっぷりかけて。

カスレ風パスタグラタン

🎛 鶏肉はこんがり焼き、一度取り出す

鶏肉はしっかり焼きつけて香ばしさを出し、パスタをしっかりゆでるために一度取り出します。
鶏肉とベーコンのうまみが重なり、それを充分に吸い込んだパスタは、驚くほどのおいしさです。

材料と作り方　4人分

スパゲッティーニ（半分に折る）… 160g
鶏もも肉 … 2枚(580g)
ベーコン（ブロック・棒状に切る）… 200g
ミックスビーンズ（ドライパック）… 2パック(240g)
にんにく（つぶす）… 1かけ(8g)
オリーブ油（ピュア）… 大さじ2
水 … 800㎖
塩 … 6g(小さじ1強)
タイム … 6枝
とろけるチーズ … 50g
パルミジャーノ・レッジャーノ（おろす）… 適量

2人分にする場合
材料を半分にし、水の量は450㎖にする。

1.　具を炒める

鶏肉は1％の塩（分量外）をふり、10〜15分おいて半分に切る。鍋にオリーブ油（ピュア）を熱し、鶏肉の皮目を下にして中火でしっかり焼きつけ、もう片面は軽く焼く。にんにく、ベーコンを加え、中火で炒める。

2.　パスタをゆでる

分量の水を加えて中火にかけ、煮立ったら鶏肉を取り出す。塩、スパゲッティーニ、ミックスビーンズ、タイムを加えて中火にかけ、煮立ったら**蓋をして弱火で2分**ゆでる。しっかり混ぜ、鶏肉をのせ、再び煮立ったら**蓋をして3分**ゆで、火を止めてそのまま**5分余熱**で火を通す。

3.　オーブンで焼く

とろけるチーズ、パルミジャーノ・レッジャーノをかけ、250℃に予熱したオーブンで5〜10分焼く。

焼いた鶏肉をのせ、2種類のチーズをかけて焼く。

さばと里いもの焼きパスタグラタン

🍳 里いもは少しこんがりと焼く

「ブリッカ」のスペシャリテのオーブンバージョンです。さばのうまみに負けない、
ねっとり感のある里いもを合わせるのがコツ。生ハム、トマトドレッシングをかけ、冷やアツを楽しんでください。

材料と作り方　4人分

スパゲッティーニ（半分に折る）… 160g
里いも（冷凍・解凍し、半分に切る）… 300g
さば水煮缶（大きくほぐす）… 3缶（450g）
にんにく（つぶす）… 1かけ（8g）
オリーブ油（ピュア）… 大さじ3
水 … 500㎖
塩 … 9g（小さじ2弱）
パン粉 … 適量
パルミジャーノ・レッジャーノ（おろす）… 適量

トマトドレッシング
ミニトマト（半分に切る）… 18個
玉ねぎ（みじん切り）… 大さじ1
レモン汁 … 小さじ1
塩 … 少々
オリーブ油（EX.）… 大さじ2

生ハム … 適量
イタリアンパセリ（ざく切り）… 適量

2人分にする場合
材料を半分にし、水の量は300㎖にする。

1. 具を炒める

鍋にオリーブ油（ピュア）、にんにく、里いもを入れ、中火で表面に
少し焼き色がつくまで炒める。

2. パスタをゆでる

分量の水、塩、スパゲッティーニを加えて中火にかけ、煮立ったら
蓋をして弱火で2分ゆでる。しっかり混ぜ、さば缶を入れ、再び煮
立ったら**蓋をして3分**ゆで、火を止めてそのまま**5分余熱**で火を
通す。

3. オーブンで焼く

パン粉、パルミジャーノ・レッジャーノをふり、250℃に予熱した
オーブンで5〜10分焼く。

4. 仕上げ

トマトドレッシングを混ぜ、生ハム、イタリアンパセリとともに
3を食べる。

さばと相性のいい里いもをのせ、チーズ、
パン粉をかけて焼く。

PART 4

焼く

［ 調味料とパスタについて ］

a. 粒黒こしょう

特にメーカーにこだわりはありません。こしょうは味をつけるものではなく、香りを楽しむもの。食べる直前に使用します。香りが生きるよう、ホールをつぶしたり、ひいて使います。

b. アンチョビー

スペインのカンタブリア産のアンチョビーフィレ。身がやわらかく塩気がきつすぎないので、そのまま食べてもおいしい。どんな料理にも合わせやすいのもセレクトポイントです。

c. パスタ

ディ・チェコのパスタは喉越しがよく、食べごろが長続きします。本書のパスタはすべてディ・チェコNo.11スパゲッティーニを使用。1.6mmの太さなので、軽いソースにもしっかりした味わいのソースにも合う、ほどよい太さ。余熱パスタにぴったり。

d. 塩

シチリアの海塩「モティア サーレ・インテグラーレ フィーノ」。ミネラル分が豊富で塩味がとんがってなく、うまみが感じられます。粒の大きさ、ドライ具合が僕の手になじんでいるので、手放せません。

e. 裏ごしトマト

トマト缶を裏ごしして作られる、裏ごしトマト。イタリアではトマトパッサータといいます。酸味とうまみのバランスがよく、加熱なしでそのまま料理に使えるのもいいところ。この本では有塩のものを使用。「あらごしトマト」として売られているものを使ってもOKです。

f. オリーブ油(EX.)

シチリアのワイン生産者、アリアンナ・オッキピンティが作るオリーブ油。ノッチェラーラという品種の樹齢80年以上のオリーブになる実を使用し、コールドプレス製法で作られるオイルは、まろやかでほどよいコクと酸味があるのが特徴です。

Condiment

a.

b.

c.

d.

e.

f.

金田真芳
Masayoshi Kaneda

「Bricca（ブリッカ）」＆「Però（ペロウ）」オーナー兼料理長。都内イタリアンレストラン数店に従事し、2010年三軒茶屋にイタリアンレストラン「Bricca（ブリッカ）」開店。生産者の見える食材やワインを扱い、食材のもっともよいところを熟知し、皿に表現することをモットーとしている。イタリア各地のワイナリー、フランスやスロベニアのワイナリーを訪れ、畑仕事やセラー仕事、マンマの家庭料理に触れる。ワインは熟成することによりいっそうよい状態になることから、開業以来自社ワインカーブにて4000本以上を熟成させる。著書に『うち飲みワインのおいしいつまみ』（Gakken）がある。

Bricca
旬の食材が味わえるイタリア料理とナチュラルワインを楽しめる店。
東京都世田谷区三軒茶屋1-7-12
HP　https://www.bricca.jp
Instagram @bricca_italian_stand

ブックデザイン
　小橋太郎（Yep）

撮影
　キッチンミノル

スタイリング
　久保百合子

校閲
　山脇節子

編集
　飯村いずみ
　田中 薫（文化出版局）

〈 道具協力 〉
STAUB（ストウブ）
ツヴィリング J.A. ヘンケルス ジャパン
tel 0120-75-7155
https://www.zwilling.com/jp/staub/

デニオ総合研究所
tel 03-6450-5711

〈 材料協力 〉
ディ・チェコ№.11スパゲッティーニ
日清製粉ウェルナ（ディ・チェコ）
tel 0120-24-4157
https://www.nisshin-seifun-welna.com/

〈 撮影協力 〉
タイムレスコンフォート
https://timelesscomfort.com/

UTUWA
tel 03-6447-0070

ストウブ1つでもちもち余熱パスタ
2024年6月2日　第1刷発行

著　者　金田真芳
発行者　清木孝悦
発行所　学校法人文化学園 文化出版局
　　　　〒151-8524　東京都渋谷区代々木3-22-1
　　　　電話　03-3299-2485（編集）
　　　　　　　03-3299-2540（営業）
印刷・製本所　株式会社文化カラー印刷